www.ingramcontent.com/pod-product-compliance
Lightning Source LLC
Chambersburg PA
CBHW050449010526
44118CB00013B/1750
* 9 7 8 1 0 8 7 9 6 9 4 6 6 *